ISBN 978-0-428-69009-0
PIBN 11303657

POR

Hipólito Gatica

SANTIAGO DE CHILE

Imprenta de la Escuela de Anormales

Santa Victoria 380

1928

EXPLICACION

Nunca se habrá escrito nada más **calamo currente** que las pocas páginas de que consta este folleto. Son tantas las ocupaciones que me arrebatan todos los momentos que no me quedan horas para pulir el estilo ni para ordenar las ideas. He escrito como si hablara con cualquiera, improvisando, entre un buen señor que viene a hablarme de un niñito «que no es ciego ni mudo, pero que no puede aprender» y un cobrador que me acosa con las facturas de alguna casa comercial.

La Comunidad de la Escuela me encargó que escribiera algo para ilustrar y convencer al público y a las autoridades educacionales de la necesidad de mejorar esta Escuela. En cumplimiento de tal encargo, he trazado estas cuantas líneas. Ojalá contribuyan ellas en algo a llamar la atención sobre un problema de importancia y de que nadie o casi nadie se preocupa. Es éste un eslabón en la cadena de escritos y conferencias con que pretendo saturar la opinión para sacar a los ciegos de su estado de abyección y de miseria.

EL AUTOR.

La enseñanza de los Ciegos, Sordomudos y Débiles mentales

Por decreto de 27 de Octubre de 1852, el Presidente don Manuel Montt y su Ministro don Silvestre Ochagavia crearon la Escuela de Sordomudos. Poco después, el 5 de Abril de 1854, se creaba, por los mismos, la Escuela de Sordomudas. Esta última escuela tuvo corta vida. En efecto, el 31 de Diciembre de 1877, se decretaba su supresión por Pinto y su Ministro Amunátegui. Desde el 13 de Mayo de 1885, la enseñanza de Sordomudas está a cargo de las monjas del Buen Pastor.

Cuanto a los Ciegos, la fundación de su Escuela data del 31 de Marzo de 1875. El decreto que la crea lleva la firma de don Federico Errázuriz Z. y don José María Barceló.

La enseñanza de los Débiles Mentales data solamente de este año.

La enseñanza de los Sordomudos y de los Ciegos ha llevado una vida lánguida. Alguna vez se suprimió la Escuela de Sordomudos para restablécerla más tarde. Desde luego, llama profundamente la atención que no exista una Escuela del Estado destinada a la educación de las Sordomudas. Estas continúan recibiendo enseñanza en el convento del Buen Pastor y, a lo que sé, la tal enseñanza sólo comprende labores manuales y, bien entendido, prácticas religiosas. De ciegas, tampoco existe escuela alguna. Una sociedad con carácter religioso proporciona asilo, algún trabajo y alguna enseñanza a mujeres ciegas: es la Sociedad *Santa Lucía* con asiento en la calle de Santo Domingo N.°......

Como se ve, el Estado de Chile carece totalmente de escuelas propias para la educación de Ciegas y de Sordomudas.

De otro lado, llama también mucho la atención que la enseñanza de Ciegos y Sordomudos no sea obligatoria. Del texto de la ley de Instrucción Primaria se desprende que no se exceptúan tales individuos de la obligación escolar. La verdad es, sin embargo, que no se compele a tales alumnos a concurrir a una escuela. Todos hemos visto muchachos ciegos de diez o doce años ocupados en pedir limosna por las calles y en los tranvías. A la Escuela de Anormales llegan sujetos de quince o más años de edad que no han concurrido antes por la sencilla razón de que... no han concurrido.

Ahora bien, si se obliga a recibir educación a los niños normales, con mayor razón debe obligarse a los anormales ya que éstos tienen especiales dificultades para ser eficientes en la sociedad. Y la eficiencia social es el fin de la educación.

Urge, en consecuencia, constreñir a los Ciegos, a los Sordomudos y a los Débiles Mentales a concurrir a la escuela con mayor fuerza aun que a los niños normales.

Urge asimismo que el Estado arbitre los medios del caso para la creación de escuelas de Sordomudas y de Ciegas a fin de no cometer la injusticia de dejarlas en manos de aficionadas más o menos ignorantes en cuestiones pedagógicas.

Pero la creación de una escuela mediante un decreto o una ley no significa, en manera alguna, que *realmente* los individuos a que se la destina reciban la educación que les conviene. Una escuela es una cosa que existe bajo la forma de combinaciones y aglomeraciones de ladrillos, de tablas, de papel, de pintura y de otros materiales. Y requiere, para que desempeñe el papel que se le atribuye, que tenga profesores competentes y rentados satisfactoriamente, que posea bancos y lo demás. Y campos y talleres para juegos y trabajos. Pero Grullo sacaría de aquí una consecuencia profunda: toda escuela significa un gasto. Claro: Pero Grullo no se equivoca. El país que desea tener escuelas para Ciegos, Sordomudos y Débiles Mentales debe resolverse a proporcionar el dinero necesario para ello.

Chile ha querido resolver el problema de curiosa manera. Ha arrendado un edificio ruinoso, absurdo de vetustez, oscuro, conventual y con capacidad para sesenta internos y no más de cien individuos en total. Ahí ha resuelto que se verifique el milagro de la educación de los Ciegos, Sordomudos y Débiles Mentales del país con dieciocho horas semanales de clase y otras dieciocho de talleres. ¡Y qué talleres!

Si alguna vez se ha cometido un absurdo pedagógico es precisamente en la organización actual de la educación de los anormales en Chile.

No se me ocurre razón alguna de carácter pedagógico para agrupar Ciegos, Sordomudos y Débiles Mentales en un mismo establecimiento de enseñanza. Las noticias que tengo referente a otros países me dejan en la convicción de que en este punto somos indiscutiblemente originales. Sólo que la tal originalidad engarfia consecuencias lamentables para la eficiencia de la labor educativa. La enseñanza de los Ciegos tiene fines y métodos enteramente diferentes de la de Sordomudos. Y lo propio acontece con la de Débiles Mentales. Son enseñanzas totalmente diferentes y deben estar separadas.

Indudablemente, deben estar separadas. Y cada una de ellas requiere una atención adecuada si no se desea perder una buena parte de las energías de la población o cargar sencillamente con el costo total de la vida de esa parte de la población. Me explico.

La actual mala organización de la enseñanza de los Ciegos, Sordomudos y Débiles Mentales se traduce en la poca eficiencia social de estos individuos o en total falta de eficiencia. Organizando bien esta enseñanza, se consigue que algunos de estos sujetos sean capaces de ganarse totalmente la vida. Respecto de otros, se consigue, por lo menos, que se ganen una parte de ella. Así, por ejemplo, tratándose de los ciegos de Chile, podemos decir que la totalidad son incapaces de ganarse la vida en la actualidad. Ello es el resultado de la deficiente enseñanza recibida. En países en que tal educación se imparte debidamente, los ciegos son capaces de ganarse totalmente la vida o una buena parte de ella. En Estados Unidos, según una estadística oficial hecha en 1920 y que se refiere a cerca de 40.000 mil ciegos de más de 10 años, $18,1\%$ se ocupaban en un trabajo remunerado. El 45% de estos trabajadores ciegos ganaba lo suficiente para su sustento. Algunos de ellos declaran ganancias de 1000 y aún de 1500 dólares al año.

En Inglaterra, la proporción de ciegos que trabajan

alcanza a 22,7°/₀ según una estadística de 1925. El rendimiento económico es aquí bastante escaso. Sin embargo, la obra de las instituciones de asistencia viene en ayuda de los que se dedican a alguna obra productiva y, con esto, estimula la dedicación al trabajo.

La situación de los ciegos de Alemania es semejante a la de los ciegos ingleses. El sistema de talleres para ciegos ha sido practicado en este país más intensamente que en otro alguno.

En Francia, la mayoría de los ciegos se dedica a la afinación y reparación de pianos, a tocar el órgano en las grandes iglesias y a la enseñanza de la música. Una parte menos numerosa se dedica a los llamados *pequeños oficios,* es decir, a la cestería, al enjuncado, a la fabricación de escobas y escobillas, etc. Practican estos oficios, sobre todo, en sus casas. No tengo estadísticas que me permitan asegurar el tanto por ciento de los ciegos que se dedican a trabajar y cuántos de éstos son capaces de ganar lo suficiente para subvenir a sus necesidades. Pero se puede asegurar, sin temor a equivocarse, que la música y la afinación de pianos son los oficios más favorecidos y los que ocupan mayor porcentaje de ciegos.

Evidentemente, de los ciegos que trabajan en los países extranjeros, no todos son capaces de ganarse totalmente la vida. Las instituciones de asistencia deben venir en su ayuda. Esa asistencia social se realiza de muy diversas maneras. Pero es el hecho que todos los ciegos se esfuerzan por producir cuando más no sea una parte de lo que necesitan para vivir. Aquí, en cambio, el ciego limosnero es el tipo general: el que trabaja (y yo no sé de ciegos que trabajen realmente) constituye la excepción.

Por lo que hace a los Sordomudos, el problema se presenta en forma diferente. No se requiere ser un lince para darse cuenta de que un sujeto atacado de sordomudez no tiene impedimento para aprender un oficio cualquiera y ganar lo suficiente para vivir. De hecho, los Sordomudos de Chile trabajan y ganan su vida. Tal vez los únicos inútiles son aquellos que, teniendo padres acomodados, no sienten la apretura de la necesidad y pueden, al menos en su juventud, recorrer los portales y las calles centrales en busca de hazañas galantes como los jovencitos bien. La dificultad de su educación aquí es otra. Se procura hacer desaparecer la muralla que la sordera y la mudez (que es su consecuencia) han elevado entre el Sordomudo y el resto de los hombres. El medio para la consecución de este fin es la enseñanza de la *articulación*, esto es, de la palabra hablada por un procedimiento especial.

¿En qué situación estamos en Chile a este respecto? En un lamentable atraso. Los Sordomudos chilenos no son capaces (salvo rarísimas excepciones) de hacerse entender por la palabra y de entender lo que los demás dicen. En otros términos, no se consigue el fin propio de esta enseñanza. Ello es una consecuencia del escaso número de horas que se consagran a la enseñanza general del sordomudo y del escaso número de años dedicado a la misma. Sería menester, por lo menos, duplicar los años y aumentar considerablemente las horas para llegar a resultados satisfactorios. En Alemania, tienen establecida, desde hace unos treinta años a lo menos, una enseñanza de sordomudos con ocho años de estudios y con horario completo. Los resultados son, naturalmente, que los sordomudos alemanes son capaces de hablar y de entender lo que se les dice. Y, como concecuencia de ello, están en condiciones de seguir una carrera que requiera conocimientos avanzados. Hay que acordarse que el Sordomudo no es un atrasado mental y que lo que le hace falta únicamente es el mecanismo de la palabra. Obtenido éste, el sordomudo pasa a formar parte del grupo común de la humanidad.

Como se ha dicho más arriba, la enseñanza de Débiles mentales se halla establecida en Chile sólo desde los comienzos del presente año. Por consiguiente, nada se puede decir respecto de sus resultados. Pero es posible conjeturar que éstos no podrán ser muy brillantes. En efecto, en ésta enseñanza, se ha cometido también el error de organizarla en forma empírica e incompleta. Ignoro absolutamente qué razones pedagógicas hayan determinado el establecimiento para estos cursos de 18 horas semanales de clases. Los inconvenientes de esta situación se han patentizado en el curso del presente año escolar. Terminadas las tres horas de clase de la mañana, los Débiles mentales quedan sin trabajo alguno si son pequeños y, si son mayores, han concurrido a los talleres para trabajar bajo la vigilancia de un maestro que, como se comprende, no es el educador ideal. Esos niños han debido permanecer todo el día bajo la vigilancia del profesor. Y es bajo esta vigilancia como han debido consagrarse a juegos y trabajos educativos. Y no solamente la escasez de tiempo es un escollo para la consecución de buenos resultados en esta enseñanza. La escasez de medios educativos hace pesar aquí su influencia decisiva. Se estableció la enseñanza de Débiles mentales. Si había salas, si se contaba con campos, con laboratorios, con herramientas, con material para las clases, fué cuestión que no se plantearon o que, en todo caso, no resolvieron los organizadores de esta enseñanza. Y si hay educación que requiera absolutamente todas estas cosas, es precisamente la educación de los Débiles mentales. De modo que, en resumen, como se dijo hace un momento, es posible augurar bien mediocres resultados a la enseñanza de Débiles mentales en Chile. Ocurrirá lo de siempre: por economías (siempre la rémora de las economías) el dinero gastado se aprovechará mal y acaso hubiera valido más no gastarlo.

Otra manifestación evidente del empirismo reinante en esta educación es la falta de un médico psiquiatra que examine a los alumnos, dé su diagnóstico y secunde o guíe al profesor en el curso de la enseñanza. La planta de la Escuela consulta un médico; pero se destina para honorarios de este facultativo la ridícula suma de 3000 pesos anuales. Naturalmente no es posible exigir a un médico que gana estos honorarios la destinación de varias horas al día para el examen médico-pedagógico de los alumnos. Ha debido, entonces, contratarse un médico que atienda a los niños cuando se enferman y que recomiende medidas de higiene al establecimiento. Y para salvar siquiera en parte la carencia de especialistas, se ha contratado a un médico especialista en oto-rino-laringología en atención a que los alumnos más numerosos de la Escuela pertenecen a la categoría de los Sordomudos. Pero, insisto, se requiere un médico psiquiatra.

Tratando de zanjar de alguna suerte las dificultades que por falta de medios se presentaban en esta educación, acudí al señor Martín Bünster, jefe de un gabinete de Psicología del Departamento de Sanidad Escolar. Este caballero acogió mi petición con verdadera gentileza y caluroso empeño. Sin embargo, poco o nada pudo hacer porque el tal gabinete no se instalaba nunca. De modo, entonces, que, hasta la fecha, hemos carecido absolutamente de guía científico para la educación de los retrasados mentales. Se ha hecho, no obstante, lo que se ha podido gracias a la competencia y a la abnegación de las profesoras que han tenido a su cargo los cursos de Débiles mentales. Pero no es suficiente.

La causa profunda de todos estos errores y de todas estas deficiencias debe ser buscada en el equivocado concepto que se tiene en el país respecto de los individuos ciegos, sordomudos y débiles mentales; en la falta de atención reinante en los círculos dirigentes de la educación sobre la enseñanza de estos sujetos y en el error fundamental en que siempre incurre el Gobierno cuando se imagina que hace realmente economías al gastar poco dinero en un servicio cualquiera que necesita más para poder dar frutos.

En el equivocado concepto del público. El grueso público chileno (y en este punto el grueso público está constituído por la casi totalidad) se imagina que los Ciegos, Sordomudos y los Débiles mentales son individuos cuya atención debe estar a cargo de la lástima. Son seres inútiles, escorias sociales, sujetos de quienes nada se puede esperar. Por tanto, si se les destina alguna casa en donde de ellos se preocupen, debe ser con intenciones caritativas y con miras a una simple protección. En conferencias y artículos escritos por mí, he preocupado desvanecer este concepto erróneo en lo que dice relación con los ciegos. Y seguiré, mientras esté en la enseñanza, realizando la misma tarea. *El ciego es capaz de recibir una educación general tan completa y vasta como cualquiera de nosotros. En cuanto a su educación profesional es capaz en muchos casos de hacerse apto para ganar enteramente su sustento. En otros, queda habilitado por lo menos para costearse una parte de ese sustento.*

De los Sordomudos, ya se ha dicho antes que son individuos totalmente capaces de ganarse la vida por el ejercicio de un oficio cualquiera.

En cuanto a los atrasados mentales, hay numerosos grados. Y es claro que mientras menos sea el atraso mental más probabilidades hay de que sean capaces de ganarse la vida por el trabajo. (1) No dispongo de datos que me permitan asegurar qué resultados prácticos se han obtenido en otros países en la edu-

---

(1) Estando en prensa este folleto, he obtenido los datos siguientes relativo a los Débiles Mentales.

Está comprobado que el rendimiento social de los escolares egresados de escuelas especiales de deficientes mentales, o sea, su capacidad de ganarse la vida sobrepasa a un 50%. Esto no se refiere a los deficientes en alto grado cuya educabilidad es negativa o, por lo menos, dudosa.

Binet estudia en la Salpetrière 117 casos en los que halla 17 con resultados positivos.

En Francfort, sobre 234 niños, estudios hechos durante 12 años, dan 142 resultados positivos. En Suiza, sobre 2258 alumnos observados en su vida post-escolar, el 58 por ciento en los hombres y el 60 por ciento en las mujeres son capaces de ganarse la vida.

En Alemania, estudios hechos por Mme. Fuster y M. Gizichy, dan como capaces de ejercer un oficio al 70 o 75 por ciento de los anormales egresados de las clases especiales.

En Norte América, las estadísticas asignan cifras superiores a 50 por ciento en el rendimiento efectivo de la capacidad de de adaptación social.

En Argentina, las datos de la colonia Asilo Torres no son precisos; pero indican disminución en la delincuencia y en la vagancia.

Frente a esas cifras, se hallan informes que acusan, entre los casos de delincuencia, prostitución, vagancia, alcoholismo, concubinato, parasitismo, etc, un 25 y aun un 50 por ciento para la deficiencia mental y que ilustra comparativamente la aserción de Terman, quien manifiesta que el s lo estado de California cuesta anualmente 2 millonos de dóllares.

cación profesional de los Débiles mentales. Pero me es posible declarar que muchos de los que actualmente reciben instrucción en la Escuela de Anormales siguen regularmente las clases en los talleres y no hay razón para pensar que no han de ser capaces de aprender los oficios que aprenden los Sordomudos o los Ciegos.

La falta de atención de las autoridades. Los encargados de preocuparse de la educación de estos individuos no han hecho gran esfuerzo por interesar a las autoridades educacionales en esta materia. Parece que hubieran deseado mantenerla sustraída al contacto del aire exterior. No es extraño, entonces, que los círculos dirigentes de la enseñanza no le hayan prestado mayor interés.

Por último el error del Gobierno de invertir—so pretexto de economia—cantidades inferiores a las que se necesitan en un servicio para que éste realmente dé frutos. He conocido personas que han destinado algunos meses al aprendizaje de un idioma extranjero. Después, no han tenido voluntad suficiente para continuar. ¿Las consecuencias? El tiempo dedicado al frustrado aprendizaje ha sido totalmente perdido. Con un poco más de esfuerzo, habrían llegado a ser capaces de manejar el idioma; pero el haberles faltado ese poco más de esfuerzo ha sido causa de que no sólo no manejen el idioma, sino que hayan perdido enteramente el tiempo dedicado a su aprendizaje. Algo análogo ocurre con la educación de los Ciegos y Sordomudos. Con un poco más de gasto de parte del Gobierno, el Ciego sería capaz de ganar su vida trabajando; pero falta ese poco más y el Ciego resulta un limosnero más o menos disfrazado. Con un poco más de gasto, el Sordomudo hablaría; pero se escatima ese poco más de gasto y el Sordomudo no alcanza a hablar: el dinero gastado en enseñarle a hablar resulta perdido.

Conocida la etiología del mal, es posible remediarlo. Nuestra terapéutica habrá de dirigirse a variar el concepto del público, a interesar a las autoridades educacionales y a convencer al Gobierno de la necesidad de hacer ese último esfuerzo económico que viene a convertir en realmente útil el dinero gastado en la educación de los anormales. Y tal es el fin de estas líneas. A este fin han tendido los artículos escritos por mí en «Studium» y en la «Revista de Educación Secundaria» acerca de la educación de los Ciegos, a este fin han tendido también las publicaciones hechas en la prensa diaria o en las revistas y la conferencia dada en el Salón de Honor de la Universidad de Chile.

La República Argentina está muy por sobre nosotros en la enseñanza de los Ciegos.

Hay en Buenos Aires un Instituto Nacional de Ciegos con un edificio y un terreno adecuado. Ya 1914, el Congreso le concedió la suma de un millón de nacionales para formar su fondo. Hay una enseñanza musical inmensamente más avanzada que la que tenemos aquí. En efecto, aquí hay un solo profesor de música con seis horas de clase a la semana en tanto que allá hay varios profesores: de piano, de violín, de violoncello, de armonía, etc.

En Río de Janeiro, existe el Instituto Benjamín Constant con un edificio regio destinado a la educación de Ciegos.

En Francia, había, en 1910, 30 escuelas para Ciegos. La Institución Nacional de Jóvenes Ciegos de París da a sus alumnos una educación musical avanzada. Desde su fundación ha conseguido que más de 50 alumnos reciban premios del Conservatorio. La Escuela para

Ciegos del Departamento del Sena, en Sait-Mandé, ha alcanzado un gran desarrollo con su enseñanza de oficios manuales. En Inglaterra, había en 1927, 36 escuelas residencias para Ciegos, 25 escuelas para Miopes y 58 talleres para Ciegos.

España tenía, en 1927, 10 escuelas con internado, 7 escuelas con externado y tres asilos para Ciegos.

En Bélgica había, en 1927, 7 escuelas para Sordomudos y Ciegos y una escuela para Ciegos de ambos sexos menores de 12 años.

En el Japón, en el mismo año de 1927, había 75 escuelas para Ciegos. En China había 29.

No tengo datos respecto de otros países. Pero los pocos datos que se acaban de dar son suficientes para demostrar que todos los países se preocupan con interés de la educación de los ciegos. Más adelante, hablaré de la obra de protección y ayuda que los países realizan con respecto a los Ciegos y la compararé con la que se realiza aquí.

La deficiencia de la enseñanza de los Ciegos desde el punto de vista profesional toma en Chile un carácter de verdadera gravedad. Se puede decir que los Ciegos no han tenido enseñanza profesional. Desde que conozco la Escuela para Ciegos, sólo se ha enseñado a los alumnos de esta clase cestería y música. A la enseñanza de la cestería se le dedicaban tres horas al día. Muchos alumnos no roncurrían al taller por cualquier motivo. Los que concurrían se encontraban a menudo con que no había maestro que les enseñara. Durante los dos últimos años no tuvieron enseñanza alguna por falta de maestro. La clase de música la hacía un profesor anciano que no conocía absolutamente nada del sistema de musicografía de Braille. De tal manera que su enseñanza musical era enteramente por el oído. Por otro lado, se dedicaban a aprender música todos los que lo deseaban, es decir, casi todos, porque los ciegos padecen el error tan vulgarizado de creer que basta ser ciego para tener condiciones para la música. Se aprendían tangos de moda, shimmys, one-steps, etc. En otros términos, se preparaba a los Ciegos para que salieran a tocar por la calle a fin de disfrazar su mendicidad. No quiero decir evidentemente que tal fuera la intención de quienes dirigían esta Escuela; pero este era el resultado real. Si se me discute, yo señalaré con el dedo a todos los Ciegos que apestan los barrios bajos después que la autoridad, con magnifico acuerdo, los ha desplazado del centro de la ciudad. Son casi todos ex-alumnos de la Escuela.

Se procura ahora acabar con este estado de cosas. Se procura no más: no tengo seguridad de que se consiga. Desde luego, el taller de cestería ha funcionado todo el año sin interrupción y se ha obligado a los alumnos que no podían o no querían estudiar música, a concurrir con toda regularidad a ese taller. Se ha enseñado sin interrupción durante todo el año el enjuncado, enseñanza que no se practicaba en Chile desde hacía por lo menos diez años. Y en lo que respecta a la música, se ha prohibido terminantemente el estudio de este arte a todo alumno que no manifiesta reales condiciones para él. A los que, según el examen de la profesora, verificado durante una serie de clases de prueba, tienen condiciones para la música, se les ha sometido a un estudio sistemático y se les ha especialmente obligado a someterse a un estudio serio y continuado de la musicografía Braille. Nada de tangos y shimmys. Ha terminado la preparación para ir a tocar por las calles. La realización frecuente de conciertos de piano, de violín y de canto es obra que ha tenido lugar únicamente durante este año y que tiende a desarrollar el gusto por la buena música a la vez que sirve de solaz a los alumnos. Un método de violín con ejercicios y trozos escogidos por el profesor de canto don Adrián Vásquez ha sido impreso en los talleres de la Escuela y sirve para la enseñanza de los que estudian este instrumento.

Se trata de hacer de la música una verdadera y digna profesión como ocurre particularmente en Francia y mucho también en otros países. Pero para obtener resultados definitivos se requieren ciertas condiciones que aquí no se reúnen todavía: profesores de cada instrumento, profesor de teoría y solfeo, profesor de armonía y composición, instrumentos adecuados. Aquí no tenemos piano: ha sido preciso arrendar uno a una casa de música.

Pero no sólo en los oficios manuales y en la música se ocupan los Ciegos de otros países: el comercio, la agricultura, el profesorado, el masaje, las carreras liberales, las letras, la afinación de pianos y su reparación, etc., dan trabajo remunerador a muchos individuos privados de la vista. Aquí no se les abre horizonte alguno a los Ciegos. La Dirección de la Escuela se esfuerza ahora por despertar el interés y el entusiamo de los ciegos por otros medios de ganarse la vida. Ha estimulado a los alumnos para que se dediquen al comercio, a la enseñanza de idiomas extranjeros. Y tal estímulo está dando por resultado que algunos Ciegos se preparen para estas actividades. Pero es aquí donde se requiere la intervención del Gobierno y de los particulares para proporcionar los fondos necesarios para llevar a buen fin estas iniciativas. Fondos especialmente para la constitución de una biblioteca para Ciegos, que no existe en el país. La Escuela se debate en una pobreza denigrante de obras de estudio ¿Para qué pensar en las obras de recreación y de arte? El sistema de imprimir.libros que actualmente tenemos hace perder mucho papel y por consiguiente hace subir enormemente el precio de las obras. Una máquina estereotipadora moderna es de absoluta necesidad. Cuestión de fondos. Fondos también para la constitución de museos, de colecciones, de talleres: de fabricación de escobas, de fabricación de tapices, etc.

Que se mire el número de clases semanales de los alumnos, que se consideren los elementos de enseñanza de que se dispone, que se observe la amalgama de Ciegos, de Sordomudos y Débiles mentales, que se ponga atención en la carencia de escuelas para Ciegas y Sordamudas, que se pare mientes en la exigüidad de los talleres y de la suma a ellos destinada, y se vendrá inevitablemente en cuenta de que no se puede continuar en este estado. Por extremadamente escaso que sea el interés de los Poderes Públicos en lo referente a la educación de los anormales, no puede el país, por su propio decoro nacional, seguir más largo tiempo manteniendo las cosas en semejante situación.

He hablado de la insuficiencia de los talleres. El Presupuesto destina en la actualidad unos $ 9000 para pago de maestros, para compra de materia prima y para compra de herramientas. Los talleres son cinco: carpintería, zapatería, cestería imprenta y enjuncado. Anexo al taller de imprenta hay que considerar todavía el taller de encuadernación. Para que este funcione es necesario pagar un maestro aparte, ya que el de imprenta no puede atender tanto: tipografía, prensas, remiendo, etc. Repartamos los $9000 entre cinco talleres únicamente: tenemos que a cada uno le corresponden $1800. Si se divide esta suma por 9 meses de trabajo, tenemos que para cada mes corresponden $200. ¿Qué individuo medianamente

competente va a queren aceptar ese salario? Se po-
dria arreglar la cosa haciendo que los maestros tra-
bajaran medio día solamente ya que los alumnos
sólo trabajan medio día. Este modo de solución no da
resultados, al menos para los talleres más difíciles.
En efecto, los maestros rechazan esta manera de con-
trato porque no encuentran quien los emplee afuera
durante la mañana. Si por acaso se presenta alguno
que acepte tan deprimentes condiciones, se trata seguramente de un obrero incapaz y de malas condiciones morales. Fué lo que ocurrió al principio del
año.Hubo que abandonar este sistema y buscarse
obreros competentes pagándoles salarios mayores y
contratándolos para todo el día. ¿Qué milagro se rea-
lizó para pagar más de doscientos pesos? Y tómese
en cuenta todavía que los doscientos pesos son en el
supuesto de que no se gastara un centavo en materia prima ni en herramientas. Y como eso es imposi-
ble, resulta que ni siquiera quedaban $200 mensuales
para pago de maestros de taller. ¿Qué se hizo digo
para hacer funcionar los talleres durante todo el año?
Se fué depositando el dinero producido en arcas fis-
cales como lo ordenan los reglamentos y pidiendo
autorización para girar por las sumas enteradas en
Tesorería. Con esto se salvó en parte la situación.
Pero en parte solamente. La tramitación de los de-
cretos de autorización demora mucho y actualmente
hay algunos en trámite que no se sabe cuándo sal-
drán. No se puede llevar a mayor grado la mezquin-
dad de los recursos para impartir enseñanza profesional a un centenar de alumnos que acuden a la
Escuela.

Y vengamos ahora al local. Este ocupa una superficie considerable. Con una edificación adecuada, se
podría disponer de las reparticiones necesarias para

el buen funcionamiento de la Escuela; pero no hay tal edificación. Lo que hay es una construcción ruinosa, estrecha, obscura, fría, incómoda. Algunas salas de clase no reciben *nunca* un rayo de sol. Todas las oficinas de la Escuela: Dirección, Sub-Dirección y Secretaría están amontonadas en una sola pieza. Los cursos de Débiles mentales no tenían sala donde funcionar. Fué menester colocar uno de estos cursos en la sala de Dibujo. El otro funcionó durante algún tiempo en un cuchitril absurdo. Más tarde fué posible edificar una pieza con material ligero pero al fin más cómoda y decente.

Cualquiera iniciativa tiene que estrellarse con la falta de local. Los conciertos para los Ciegos han tedido lugar en una sala pequeña, con bancos viejos: todo sórdido y mezquino. No se trata de habitación modesta: se trata de habitación insoportable por lo fría, por lo derruída. ¿Dónde realizar los juegos y los deportes? Hoy (al fin) se reconoce la importancia de los deportes y de la educación física en general. Nadie más que estos alumnos, de por sí mediocres físicamente, requieren la ayuda de los ejercicios corporales para el buen funcionamiento de su organismo. Hay sólo un patio estrecho, barrioso en el invierno y lleno de polvo en el verano donde los alumnos pueden practicar la gimnasia. Haciendo prodigios se han habilitado una cancha de frontón y otra de basket-ball. Pero no es suficiente. Se necesita un campo adonde los Ciegos puedan entregarse a toda suerte de ejercicios. Cuando se los ve encorvados, silenciosos, inmóviles, pálidos, arrinconados o paseándose como ancianos en las horas de reposo siente uno la indignación por el delito de lesa-higiene que la sociedad comete con estos seres en los precisos momentos en que se clama en todos los tonos en favor de la educación física.

¡Y los baños! Hay cuatro baños de ducha para todos los alumnos. Cada uno ocupa una superficie de ni siquiera un metro cuadrado. Apenas pueden darse vueltas los muchachos. Parece que todo estuviera calculado para que los alumnos tuvieran el máximo de malestar. ¡Pensar que en Inglaterra hasta los más pequeños tienen hogares en donde se procura hacer- les la vida amable de suerte que, en sus años de hom- bres, cuando los dolores de la vida se sumen á los dolores de su enfermedad, tengan un recuerdo de los años de dulzura vividos en la infancia!

Datos referente a los Ciegos de otros países.

En Inglaterra y Gales había en 1914, 42,140 Ciegos siendo la población de 38 000 000 de habitantes. En En Escocia, en 1924, había 6 054 siendo la población de poco menos de 5 000 000 de habitantes. Esto da para Inglaterra y Gales 1 108 Ciegos por millón de habitantes y para Escocia de 1 210 por millón. Hay que pensar en que estas cifras se refieren a un pe- ríodo posterior a la Guerra. En períodos normales, la proporción es menor: 900 y 1 175.

En Francia, según el censo de 1911, había 28 945, siendo la población de 38 192 000. Da 747 por millón de habitantes.

En Estados Unidos, según el censo de 1920, había 725 por millón. En Suiza, hay 722 por millón de habi- tantes; en el antiguo imperio de Austria, 694 antes de la Guerra; En Suecia, 664. En Dinamarca, hay 527; en Prusia había 520. Canadá tiene 449; Holanda, 462; Bélgica, 435; Australia, 705; Nueva Zelanda, 478; en

México, 782, en Argentina, 892; en Portugal, 2 2000; en Italia, 1 175; en Egipto, 13 000; en el antiguo reino de Hungría, 895 antes de la Guerra; en Rusia, 2 016; en el Japón (censo de 1914) 1 350.

Estos datos son tomados del libro de Pierre Villey «L'Aveugle dans le Monde des Voyants». El mismo autor hace la observación de que tales datos deben tomarse con muchas reservas.

La ayuda y la protección a los Ciegos.

El problema de la educación intelectual de los Ciegos es cosa actualmente resuelta. He dicho más adelante que los Ciegos son capaces de adquirir una educación tan vasta y completa como cualquiera de nosotros. Pero el problema de la adaptación del Cie- a la sociedad mediante el trabajo no ha sido aún resuelto a pesar de los esfuerzos y ensayos hechos hasta el presente. También se ha dicho más adelante que una parte de los Ciegos son capaces de ganarse sólo parcialmente la vida. ¿Qué ocurre, entonces, con el resto? Es menester que la Asistencia social venga en su ayuda. En Francia, el sistema de patronato de los Ciegos se inició allá por el año 1880. Mauricio de la Sizeranne funda las primeras obras cuya agrupación constituiría la «Asociación Valentín Haüy». El fin de esta Asociación es unir todas las buenas voluntades y agrupar el mundo de los Ciegos de manera que pueda ayudar eficazmente a cada individuo. Inglaterra tiene desde 1868 una sociedad equivalente a la anterior. «La Asociación de los Ciegos de Gran Bretaña y del Extranjero», llamada desde 1914, «National Institut for the blind» (Instituto Nacional de Ciegos). He aquí algunos datos relacionados con este Institu-

to tomados del «Annual Report» referente al año fi-
nanciero que terminó el 31 de Marzo de 1928.

Sumas dadas a instituciones protegidas:

$$17\,721\ \pounds\ \ 12\ sh\ 8d.$$
$$5\,246\ \text{»}\ \ 14\ \text{»}\ \ 8d.$$

Total...... 22 968 £   7 sh 4d.

Libros en Braille, empastados................. 17 838
Folletos, libros no empastados, silabarios
y tarjetas de instrucción..................... 10 667
Magazines..................................... 209 510
Diarios....................................... 228 612

Publicaciones en Moon:

Libros empastados............................. 6 138
Folletos, magazines, alfabetos, etc......... 56.011

El Instituto gasta unas 12 000 £ al año en estas
publicaciones. Sostiene unos 10 periódicos en Braille
y en Moon que aparecen ya semanalmente ya men-
sualmente. Tiene, además, un equipo de copistas en
Braille que en el año copiaron 770 nuevos volúmenes.
El Instituto publica también música. En el año editó
1074 volúmenes de música (colecciones de trozos,
textos de enseñanza, etc). Folletos, etc. 15 836.

Mantiene hogares para Ciegos ancianos y para ni-
ñitos Ciegos. Tiene un colegio para niñas ciegas en
donde reciben educación unas 34 alumnas que siguen
más tarde las más variadas ocupaciones: estudios

universitarios, masaje, música, etc. Tiene también una escuela de masaje con una asistencia de 8 hombres y 2 mujeres. Ayuda a buscar trabajo a estos alumnos sea en los hospitales sea en clínicas privadas. Protege a una sociedad de masajistas de la que forman parte los alumnos salidos de la escuela de masaje. Tiene hogares de convalescientes. El Hogar de San Leonardo (a orilla del mar) tuvo en el último año 360 huéspedes. Ayuda y protege a Ciegos salidos de la escuela a fin de que tengan trabajo. Esta sección gastó 6 180£ 11sh 1d en sobresueldos dados a los obreros ciegos que trabajan en los talleres. Para gastos de una educación superior destinó 715£. Para gastos de aprendizaje de oficios destinó 253£ 4sh 2d. Destinó una suma de 710£ 13sh para proveer de aparatos de radiotelefonia a los Ciegos necesitados de todo el país. Hace reparticiones anuales con motivo de la Pascua. Las dádivas llegaron a 736 el año indicado.

Como puede verse por los datos precedentes, el Instituto atiende a los Ciegos desde todos los puntos de vista. Y gasta sumas considerables en esa atención.

No dispongo de datos referentes a la obra de la Asociación Valentín Haüy; pero puedo afirmar, con conocimiento de causa, que se preocupa de todos los problemas de que se preocupa el Instituto de Inglaterra: edición de obras, edición de música, ayuda a los salidos de la escuela, busca trabajo, etc.

Estas instituciones son sostenidas por erogaciones de particulares y manejadas por personas que nada o casi nada tienen que hacer con el Gobierno. El Gobierno de Inglaterra, sin embargo, de acuerdo con la Ley de 1920, concede a cada institución que ayuda a los Ciegos una suma que guarda relación con el número de protegidos y con la calidad de la protección,

cosas ambas que controla por medio de visitadores
dependientes del Ministerio de Salud.

He hablado de sobresueldos pagados por el Instituto de Inglaterra a los obreros Ciegos. En efecto, en
las escuelas de ciegos se han enseñado, desde los
comienzos de su funcionamiento, algunos oficios manuales tales como la cestería, el enjuncado, la fabricación de escobas, etc. Estos oficios no los remuneran
a veces suficientemente para poder vivir sea porque
el obrero es demasiado lento, sea porque la competencia de la máquina es muy grande, sea porque el
individuo no dispone de capital suficiente para com-
prar buenas herramientas, etc. Se ha ideado entonces
el sistema de los talleres para ciegos que presentan
varias ventajas. Ha ocurrido, sin embargo, que en la
práctica, este sistema de talleres no ha dado, salvo
contadas excepciones, sino mediocres resultados. Los
salarios pagados a los Ciegos de estos talleres han
debido ser muy vajos en ocasiones. Es entonces cuando la asistencia privada ha venido en auxilio de los
obreros Ciegos para hacerles salarios adecuados.

Otro sistema de ayuda y protección a los Ciegos es
el de los hogares. El Heim de Alemania es una institución en que los Ciegos tienen su habitación y su
pensión por un precio fijo. Trabajan para costearse
aunque sea en parte lo que gastan. Están evidentemente sometidos a un reglamento.

No me consiente la poca extensión de este folleto
seguir hablando de esta materia con mayor amplitud.

una realidad.

PROYECTO DE REFORMA DE LA ESCUELA DE ANORMALES

Señor Director de Educación Primaria:

Toda educación tiene como fin la eficiencia social. Ahora bien, la Escuela de Anormales, tal como se encuentra organizada en la actualidad, no puede alcanzar este fin por las razones que paso a exponer.

Sección Sordomudos

El plan que actualmente tiene esta sección se compone de cuatro años de estudio, con tres horas diarias de clase cada uno, o sea, un total de 18 horas semanales. Tiene, además, trabajos de talleres a razón de tres horas diarias cada uno.

Examinaré primero la enseñanza general.

La enseñanza del Sordomudo tiende, ante todo, a capacitarlo para que llegue a hablar y a entender lo que los demás hablan. Es lo que se trata de conseguir con la Articulación, o sea, la enseñanza de los sonidos de la lengua por procedimientos especiales. ¿Qué resultados se han obtenido en el país en la consecución de este fin esencial y primordial en la enseñanza de los Sordomudos? Hay que confesar que los resultados obtenidos son de una lamentable mediocridad. Ello se debe, no a que la técnica empleada sea de inferior calidad o a que los profesores no respondan de manera adecuada a la obligación que les incumbe, sino a que el tiempo destinado a esta enseñanza es del todo insuficiente. En efecto, establecimientos similares de Alemania tienen, desde hace treinta años por lo menos, una enseñanza de Sordomudos que cuenta con ocho años de estudios generales. Además, esta enseñanza se compone, no de tres horas diarias como la nuestra, sino del total del día. Ignoro el origen de la práctica establecida en Chile desde hace mucho tiempo en virtud de la cual los Sordomudos sólo se dedican a la enseñanza general durante las tres horas de la mañana, quedando en la tarde absolutamente desocupados si son pequeños ya que éstos no pueden concurrir a los talleres. Con esta práctica, no es extraño que los alumnos, después de terminar su enseñanza general, no sean capaces sino por excepción de darse a entender mediante la palabra y de entender lo que dicen los demás. El tiempo ha sido lastimosamente perdido y el dinero que cuesta su enseñanza ha sido casi del todo inaprovechado. Un profesor alemán que actualmente desempeña el cargo de maestro en esta Escuela dice siempre que, si no se modifica tal estado de cosas, más valdría suprimir la enseñanza de la articulación y dedicarse a enseñar el sistema de las señas tanto tiempo abandonado. Ocurre lo de siempre: por economizar unos cuantos pesos, no se consigue el resultado que se desea y se pierde o se aprovecha mal el dinero que se gasta.

En consecuencia, si se quiere remediar esta situación irregular y perjudicial, es menester ir derechamente a la reforma del plan de estudios de esta sección de la Escuela en la forma que paso a explicar.

UN CURSO DE KINDERGARTEN

OCHO CURSOS DE ENSEÑANZA GENERAL

DOS CURSOS DE PERFECCIONAMIENTO PROFESIONAL

UN PROFESOR DE DACTILOGRAFIA

La enseñanza del sordomudo debe ser tan obligatoria como la de los individuos normales. La educación se dirige a todos y especialmente a aquéllos que
tienen dificultades especiales frente a la vida. Es común el caso de sordomudos que llegan a la Escuela
a los 14 o 15 años. Tales alumnos no pueden conseguir jamás una buena ni siquiera una regular pronun-
ciación y son un obstáculo a la buena marcha de la
enseñanza. Debe establecerse la rigurosa obligación
escolar para el sordomudo y así se justifica la creación de un kindergarten. En el plan propuesto se con-
sidera, pues, que los niños sordomudos serán obliga-
dos a concurrir a la Escuela desde su tierna edad y
que han de seguir regularmente su enseñanza.

Durante los ocho años de enseñanza general, el
alumno no concurrirá a los talleres sino de un modo
accidental y con miras de investigación de sus aptitu-
des y de enseñanza activa. Sólo en los dos años de
perfeccionamiento profesional, el alumno se dedicará
casi exclusivamente a la enseñanza profecional en la
forma que los reglamentos lo determinen.

Con una enseñanza general como la propuesta y sobre la base de treinta horas semanales de clases, el
el alumno estará seguramente en condiciones de hablar corrientemente y de comprender lo que los demás dicen por la lectura de los labios y, de esta suer-

Sección de Ciegos

Hay actualmente en la Escuela dos cursos de ciegos.
Se habla, en verdad, de I, II, III y IV años; pero solamente hay dos profesores y todos los alumnos ciegos estudian bajo la dirección de estos dos profesores. En el hecho hay solamente dos cursos de ciegos.
Para impartir a esta clase de alumnos una enseñanza
general más avanzada ya que el ciego no tiene dificultad alguna para recibir una cultura tan vasta como
la del vidente, es necesario establecer efectivamente
cuatro cursos por lo menos. En consecuencia, el plan
de estudios de esta sección debe constar de:

UN KINDERGARTEN

CUATRO CURSOS DE ENSEÑANZA GENERAL

Cada uno de estos cursos deberá constar de treinta
horas de clases semanales.

Pero lo más importante de una Escuela de Ciegos
es la enseñanza profesional. El ciego, en efecto, tiene
dificultades muy grandes para ganarse la vida.

Esta enseñanza profesional debe constar de:
Un profesor de teoría musical, solfeo y armonía;
Un profesor de piano;
Un profesor de violín;
Un profesor de violoncello;
Un profesor de instrumentos de viento;
Un taller de cestería y enjuncado;

Un taller de fabricación de escobas y escobillas;
Un taller de tejidos;
Un taller de afinación y arreglo de pianos;
Un profesor de masaje;
Un profesor de dactilografía.

Respecto de la enseñanza de los ciegos, podría repetir, tratándose de la enseñanza profesional, lo que dije de los sordomudos al hablar de la enseñanza general. En efecto, la enseñanza profesional de los ciegos ha estado lastimosamente descuidada en Chile. Y los resultados que tal estado de cosas ha traído están de manifiesto en la situación social de los ciegos del país. La eficiencia de una escuela de ciegos se mide por la capacidad o incapacidad de los ex-alumnos para ganarse la vida. Ahora bien, en Chile, que yo sepa, no hay ciegos que se ganen la vida trabajando. Ellos llaman, es verdad, trabajar el tocar música de la peor clase por las calles; pero no es más que una mendicidad disfrazada. La enseñanza profesional de la música es una de las que mejores resultados han producido en el mundo. Pero tal enseñanza está implantada en Chile en forma lamentablemente pobre. Desde luego, es necesario hacer una selección rigurosa de los alumnos. Pues bien, aquí se ha creído que por el solo hecho de ser ciego un individuo tenía condiciones para la música y podía dedicarse a su aprendizaje. Y en seguida, se necesita de un material abundante y de un profesorado bien escogido. Tenemos actuamente un profesor de música para toda la enseñanza y sólo 6 horas semanales. Es un absurdo.

En cuanto a los talleres, hoy tienen los ciegos solamente el de cestería. Se les enseña, además, enjuncado, de cualquier manera, en un corredor, en el patio. etc. No hay ninguna otra enseñanza profesional.

Débiles mentales.

Un kindergarten para niños de 5 á 8 años con edad mental de 3 a 5 años.

Un primer año para niños de 8 á 11 años con edad mental de 6 a 8 años.

Un segundo año para niños de 11 á 15 años con edad mental de 7 a 9 años.

Un tercer año para niños de 12 á 15 años con edad mental de 10 a 12 años.

Dos cursos de adiestramiento para niños de 14 á 20 años. Se trata de niños que no son educables, pero sí adiestrables.

Un curso especial ortopédico: ortofonia, apraxias graves, etc.

Fuera de las razones dadas para que los alumnos tengan treinta horas de clases semanales, se pueden aducir otras de igual o más valor y que dicen relación con la idoneidad del profesorado. Ha sucedido en repetidas ocasiones que profesores con alguna práctica en la enseñanza de los sordomudos y ya perfectamente competentes han abandonado el establecimiento para completar su horario en algún liceo. La cosa es perfectamente natural mirada desde el punto de vista de los profesores. No se puede exigir a nadie que, por espíritu apostólico, se quede con 18 horas de clases en vez de aceptar treinta horas en un liceo. Pero mirada desde el punto de vista del interés del establecimiento, la cosa es de tristes consecuencias. Salidos los profesores prácticos, se hace necesario aceptar los servicios de profesores que deben comenzar a ejercer una enseñanza especial para la cual no tienen generalmente ninguna competencia fuera de las condiciones generales de profesores trabajadores e inteligentes. Necesitan pasar por un período más o menos largo de adquisición de las condiciones especiales para ser competentes en la enseñanza de los sordomudos.

Lo mismo puede decirse de los profesores de ciegos. En cuanto a los profesores de débiles mentales, como su enseñanza está establecida sólo desde este año, no se ha presentado todavía el caso de que se hayan ido a algún liceo para completar su horario; pero las mismas causas producirán sin duda los mismos efectos, y ocurrirá que cuando la ocasión se les presente, abandonarán sus clases aquí para irse en busca de mejor situación económica.

Ahora bien, no habiendo en el pais establecimiento alguno en que se preparen especialistas en la educación de sordomudos, de ciegos o de débiles mentales, el reclutamiento de profesores tiene que hacerse como se ha hecho hasta hoy, esto es, escogiendo profesores distinguidos dentro de los egresados del Instituto de Educación Física o del Pedagógico, y proporcionándoles los libros, las explicaciones y las enseñanzas necesarias para que queden en condiciones de idoneidad.

Estas razones me parecen más que suficientes para convencer a Ud. de la necesidad de completar su horario a los profesores de esta Escuela.